PATCHWORK-
ART IDEEN FÜRS
GANZE JAHR

Inge-Anna Martin
Gunzostr. 33
61352 Bad Homburg
Tel. 0 61 72/45 05 02

frechverlag

TOPP 1823

TOPP 1865

TOPP 1870

TOPP 1568

TOPP 1510

Fotos: frechverlag GmbH + Co. Druck KG, 70499 Stuttgart; Fotostudio Ullrich & Co., Renningen

Auflage: 5. 4. 3. 2. 1. | Letzte Zahlen   © 1995
Jahr: 1999 98 97 96 95 | maßgebend

frechverlag GmbH + Co. Druck KG, 70499 Stuttgart

ISBN 3-7724-1937-2 · Best.-Nr. 1937   Druck: frechverlag GmbH + Co. Druck KG, 70499 Stuttgart

PATCHWORK-**A**RT – das ist eine traditionelle Technik in neuem Gewande! Das klassische Patchwork ist eine wieder modern gewordene Technik mit großer Tradition; auf Styroporformen gearbeitet, bietet **P**ATCHWORK-**A**RT nun eine Weiterentwicklung angelsächsischer Arbeiten!

Dieses Buch zeigt Ihnen, wie Sie mit ganz unterschiedlichen Styroporformen aus dem Fachhandel, mit Messer und kleingemusterten Stoffen bezaubernde Dekorations- und Geschenkideen arbeiten können – ob Anfänger oder in dieser Technik schon geübt, unter den zahlreichen Vorschlägen dieses Buches findet jeder das Passende!

Dabei ist an alle und an all die wichtigen Fest- und Feiertage gedacht: Frühling und Ostern, Hochzeit, Taufe, Geldgeschenke, Black & White für die Jugend, Klassisches und Romantisches im Landhausstil bis hin zu Kindermotiven und Weihnachtsdekorationen!

Und noch etwas Besonderes ist in diesem Buch zu finden: Verschiedene Styroporformen werden zu neuen Objekten! So entstehen aus Sternen kleine Püppchen oder ein Weihnachtsmann, aus Eiern wird ein Osterhase, und aus halbierten Formen können Sie Igel und Pilze arbeiten!

Lassen Sie sich inspirieren, und kreieren Sie selbst neue Muster und Formen!

Viel Vergnügen und gutes Gelingen mit **P**ATCHWORK-**A**RT!

Ihre

Nicole Helbig

Styroporformen

Eine Vielzahl von Styroporformen aller Art, angefangen bei der einfachen Kugel oder dem Kranz über das Ei bis hin zu originellen Formen wie Teddy und Clown, sind im Fachhandel in verschiedenen Größen erhältlich. Diese Materialien bilden die Basis für Patchwork-Art auf Styropor.

Stoff

Am besten eignen sich für die Patchwork-Arbeiten feine, kleinbedruckte Baumwollstoffe. Natürlich können Sie auch Stoffreste oder andere Stoffarten einsetzen, doch sollten Sie darauf achten, daß sie sich gut an die Styroporformen anlegen.

Für die Teddys zum Beispiel lassen sich auch ganz feiner Filz, Samt und feiner Cord verwenden.

Zu Beginn würde ich Ihnen erst einmal drei verschiedene, aber farblich aufeinander abgestimmte Stoffe empfehlen. Auch ein passender unifarbener Stoff sieht immer schön aus.

HINWEIS:

Bemalte Seide läßt sich hierbei auch einsetzen – ein hübscher Verwendungszweck für Reststücke!

Allerdings: Das Arbeiten mit Seide bedarf einiger Übung! Die Seide wird beim Einstechen schnell durchstochen oder erhält Laufmaschen.

Zu meinen Anleitungen muß ich an dieser Stelle noch ergänzen, daß die im Text beschriebenen Stoffstücke die Maße 50 cm x 50 cm oder 50 cm x 70 cm haben.

Stifte

Mit einem Kugelschreiber lassen sich Motive und Muster am besten auf das Styropor zeichnen.

Bei der Verwendung besonders heller Stoffe empfehle ich allerdings einen Phantomstift aus dem Fachhandel, der einige Stunden nach dem Auftrag unsichtbar wird.

Bastelmesser/Skalpell

Für die Einschnitte in das Styropor brauchen Sie ein sehr scharfes und spitzes Messer. Der Schnitt muß glatt und gerade sein, damit die Arbeit nicht unsauber und uneben wird. Ein Cuttermesser eignet sich hier nicht.

Nagelfeile

Eine kleine Nagelfeile benötigen Sie zum Einstecken der Stoffe in die Styroporritzen.

ten Sie sich Weißleim bereitlegen. Nach dem Trocknen wird dieser Leim transparent.

Weitere Utensilien

Für die im Buch beschriebenen Arbeiten benötigen Sie außerdem:

- Kordel und Bänder,
- Perlen und Tieraugen,
- Nadeln, Draht und
- doppelseitiges Klebeband.

DAS ÜBERTRAGEN DER MUSTER AUF EINE STYROPORFORM

Zeichnen Sie die Einteilung mit einem Kugelschreiber oder Phantomstift auf Ihre Form. Auf dem Vorlagenbogen finden Sie jeweils eine Hilfszeichnung.

Die Einteilung eines Kranzes

1. Teilen Sie den Kranz mit dem Stift in vier gleich große Teile.
2. Teilen Sie diese vier Teile nochmals, so daß insgesamt acht Teile entstehen.
3. Dann das gewünschte Muster auf den Kranz übertragen, wie es auf den einzelnen Seiten und auf dem Vorlagenbogen abgebildet ist.

Die Einteilung einer Kugel

1. Die Kugel mit dem Stift vierteln.
2. Dann achteln oder das abgebildete Motiv auftragen.

Schere

Um den Stoff sauber abschneiden zu können, ist eine kleine, sehr scharfe Schere gefragt. Bei einer Nagelschere müssen Sie vorsichtig sein, da die starke Spitze dieser Schere beim Abschneiden schnell Löcher in den Stoff sticht.

In einigen Fällen wird eine Zackenschere zur Verzierung des Stoffes genannt.

Messer

Ein Haushaltsmesser brauchen Sie zum Nachstecken des Stoffes.

Umkleben Sie die Schneide dieses Messers mit etwas Klebefilm, damit Sie sich beim Arbeiten nicht verletzen.

Holzleim

Zum Ausgleich kleiner Unregelmäßigkeiten und für einige Teilarbeiten soll-

1. Schritt

Nachdem Sie die Kugel in kleine Segmente eingeteilt haben, schneiden Sie die Segmentlinien ca. 1 cm tief mit einem Skalpell ein. Dazu stecken Sie das Messer senkrecht mit der Spitze ins Styropor und „sägen" langsam an der Linie entlang.

Ziehen Sie das Messer nicht glatt durch das Styropor hindurch, die Form könnte sonst brechen!

Die Schnittspalte sollte so eng wie möglich sein, damit die Spannung erhalten bleibt und der Stoff später vom Styropor gehalten wird.

2. Schritt

Nun nehmen Sie Ihr Stoffstück und suchen eine Ecke, die Ihr Segment ausfüllt. Dann wird der Stoff mit einer Nagelfeile in die vorgeschnittenen Ritzen rund um das ausgewählte Segment gestopft. Stecken Sie nicht zu viel Stoff in die Spalten, da sie noch mehr Stoff „schlucken" müssen!

3. Schritt

Nachdem Sie den Stoff in das Segment gestopft haben, wird er mit einer kleinen scharfen Schere möglichst nah am Styropor entlang abgeschnitten.
Tip: Schneiden Sie den Stoff nie vorher ab, da Sie sich schnell in der Größe verschätzen können und Sie so auch mehr Verschnitt hätten.

4. Schritt

Jetzt steht an den Rändern noch ein Stoffrest ab. Dieser Rest wird nun mit dem Rücken des umklebten Haushaltsmessers in die Ritzen geschoben, bis er vollständig verschwunden ist.
Diese vier Arbeitsschritte werden dann Segment für Segment wiederholt, bis Ihre Styroporform vollständig bezogen ist.

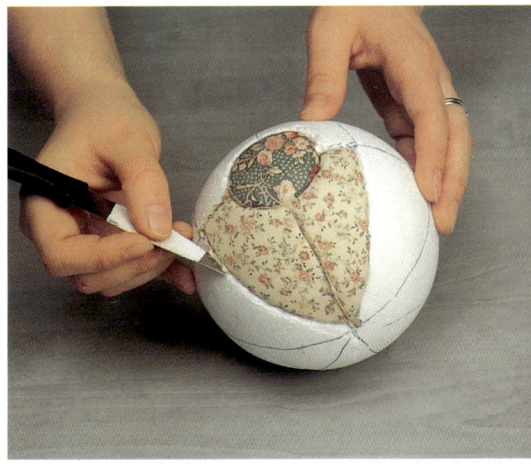

HINWEIS:

Bei der Bearbeitung von Hohlformen oder Halbformen (z.B. Glocke, Kranz etc.) muß darauf geachtet werden, daß der Stoff um den Rand oder die Außenkante gezogen wird, damit ein ordentlicher Abschluß entsteht. Sie schneiden nicht an den Außenkanten der Styroporform entlang, sondern setzen das Skalpell von innen oder unten an. Dann sind die fertiggestellten Formen an den Rändern ebenfalls mit Stoff bezogen, und es ist keine Styroporfläche mehr sichtbar.

Material Tulpen:

- 5 Styroporeier, 4,5 cm groß
- Stoff: Apricot, Bordeaux, Hellblau, Hellgelb, Grün
- 40 cm apricotfarbenes Satinband (0,5 cm breit)
- 80 cm bordeauxfarbenes Satinband (0,5 cm breit)
- 40 cm gelbes Satinband (0,5 cm breit)
- 40 cm blaues Satinband (0,5 cm breit)
- 6 x 22 cm doppelseitiges Klebeband (4 cm breit)
- 5 x 25 cm Rundholz (ø 0,5 cm)
- Grünes Kreppwickelband

1 Teilen Sie die Eier in vier Segmente.

2 Patchen Sie die Eier wie auf den vorhergehenden Seiten beschrieben.

3 Fixieren Sie das Klebeband mit einer Seite auf dem grünen Stoff, dann zeichnen Sie die Blattform auf die nicht beklebte Seite und schneiden das Blatt aus. Danach wird auch von der anderen Seite Stoff auf das Klebeband geklebt. Erneut den überstehenden Stoff abschneiden.

4 Über die Nähte der Eier werden nun die Satinbänder geklebt. Dann die Rundhölzer an der Eiunterseite fixieren.

5 Die Blätter werden mit Kreppwickelband an den Hölzern befestigt und die Hölzer vollständig mit diesem Band umwickelt.

Besonders schön lassen sich die fertigen Tulpen in einer Vase dekorieren.

▼▼▼

Material Nest:

- 1 Styroporei, 12 cm groß
- 2 Styroporeier, 9 cm groß
- 1 Styroporei, 6 cm groß
- Stoff für das große Ei (12 cm): Hellgrün gemustert und Grün
  Stoff für die mittleren Eier (9 cm): Hellgrün gemustert und Hellgelb, Hellgelb und Zitronengelb
  Stoff für das kleine Ei (6 cm): Weiß-grün kariert und Zitronengelb
- 0,5 m weiße Litze (0,5 cm breit) für das gelbe Ei
- 0,3 m weiße Litze (0,5 cm breit) für das karierte Ei
- 1 Nest
- Etwas Heu

1 Teilen Sie die drei kleineren Eier in vier Segmente. Das große Ei wird in der Breite geteilt und dann der Länge nach geachtelt, so daß insgesamt 16 Segmente entstehen.

2 Patchen Sie die Eier wie auf den Seiten 6/7 beschrieben.

3 Kleben Sie die weiße Litze über die Eiernähte.

4 Zuletzt dekorieren Sie die Eier in einem Nest mit etwas Heu.

▼▼▼

Material:

- 1 Styroporei, 16 cm groß
- 1 Styroporei, 11 cm groß
- 1 Tiernase, 1,5 cm groß
- 2 Tieraugen, 1 cm groß
- Stoff: Dunkelbraun mit weißem Muster, Apricot
- 2 x 10 cm doppelseitiges Klebeband (5 cm breit)
- 80 cm apricotfarbenes Band (1 cm breit)
- Einige Besenhaare, 6 cm lang

1 Teilen Sie die Eier jeweils in vier Segmente ein.

2 Überziehen Sie das große Ei mit dem braunen Stoff und das kleine Ei mit beiden Stoffen im Wechsel. Die Anleitung dazu finden Sie auf den Seiten 6/7.

3 Danach fixieren Sie das kleine Ei auf der Spitze des großen Eies. Achten Sie darauf, daß die Spitze des kleinen Eies dabei nach vorne zeigt!

4 Kleben Sie nun auf die einen Klebebandseiten den apricotfarbenen Stoff, auf die andere Seite zeichnen Sie jeweils die Ohren auf. Schneiden Sie diese Ohren aus. Die andere Klebebandseite wird danach ebenfalls mit Stoff bezogen, der auch nachgeschnitten wird.

5 Befestigen Sie die Ohren mit Stecknadeln in den Ritzen auf dem Kopf.

6 Die Besenhaare werden an die Eispitze geklebt, darüber fixieren Sie anschließend die Tiernase. Die Augen werden zuletzt in den Ritzen befestigt.

Dekorieren Sie den Hasen mit Weide, Heu und künstlichen oder echten Eiern auf Ihrem Ostertisch – fertig ist ein hübscher Osterschmuck.

Diese Herzen sind eine wunderschöne Dekoration für Ihre Fensterbänke und Blumentöpfe und ein ideales Geschenk zum Muttertag!

Material Herzchenkranz:

- 6 Styroporherzen, 9 cm groß
- Stoff: Dunkelblau, Hellblau mit weißen Punkten, Hellblau geblümt, Dunkelblau geblümt
- 1 m blaues Band (1 cm breit) zum Aufhängen
- 1 m blaues Band (1 cm breit) für die Schleife
- 3 blaue Bellis und 2 Blätter
- Draht

1 Teilen Sie die Herzen in der Mitte, so daß Sie zwei Segmente auf jeder Seite haben.

2 Patchen Sie drei Herzen mit den geblümten Stoffen, drei mit dem gepunkteten und dem unifarbenen Stoff im Wechsel.

3 Dann die Herzen mit Hilfe von Draht und Klebstoff miteinander verbinden.

4 Die Schleife und die Bellis zur Dekoration an den Kranz kleben.

Material Herzchenstecker:

- 1 Styroporherz, 9 cm groß
- 1 Styroporherz, 11 cm groß
- Stoff: Hellblau geblümt, Dunkelblau geblümt, Hellblau mit weißen Tupfen
- 1 m dünne blaue Kordel
- 20 cm langer Bambusstab (ø 0,5 cm) für das kleine Herz
- 24 cm langer Bambusstab (ø 0,5 cm) für das große Herz

1 Übertragen Sie das Herzmotiv vom Vorlagenbogen auf das große Herz. Teilen Sie es weiterhin in der Mitte durch. Die Herzrückseiten sowie die Vorderseite des kleinen Herzens werden nicht unterteilt, sie bleiben ein Segment.

2 Die Rückseiten werden bei beiden Herzen mit dem hellblauen Stoff mit weißen Pünktchen gepatcht. Das kleine Herz im großen Herz wird ebenfalls mit diesem Stoff bezogen. Die Vorderseite des kleinen Herzchens wird mit dem hellblau geblümten Stoff verziert, die großen Herzwangen mit dem dunkelblau geblümten Stoff.

3 Anschließend wird die blaue Kordel um die Ränder der Herzchen geklebt, weiterhin wird das Herzmotiv damit umrandet.

4 Zuletzt werden die Bambusstäbe an die Herzspitzen geklebt.

Material für den Kranz:

- 1 halber Styroporkranz (ø 22 cm)
- Stoff: Hellblau geblümt, Dunkelblau geblümt, Dunkelblau
- 1,5 m blaues Band (1,5 cm breit) zum Aufhängen
- 1 m blaues Band (1,5 cm breit) für die obere Schleife
- 1 m dunkelblaues Band (4 cm breit) für die untere Schleife
- 0,5 m hellblaue Kordel

1 Malen Sie die Aufteilung mit einem Kugelschreiber auf den Kranz (siehe Vorlagenbogen).

2 Schneiden Sie die Segmente des Musters wie auf Seite 6 beschrieben ein.

3 Arbeiten Sie nach der Anleitung (Seiten 6/7) weiter. Bei einem Kranz wird der Stoff bis zur Rückseitenmitte gestopft, damit am Rand des Kranzes keine unsauberen Konturen entstehen.

4 Wenn der Kranz nun vollständig gepatcht ist, binden Sie die Bänder zu einer Schleife zurecht und kleben oder drahten sie an den Kranz. Die Kordel wird an den Enden geknotet, doppelt gelegt und dann in die Schleifenmitte dekoriert.

Material für die Kugeln:

- 1 Styroporkugel (ø 8 cm)
- 1 Styroporkugel (ø12 cm)
- Stoff: Hellblau geblümt, Dunkelblau geblümt
- Band für die kleine Kugel:
  1,5 m dunkelblaues Band (1 cm breit) zum Aufhängen
  1,5 m dunkelblaues Band (1 cm breit) für zwei Schleifen
- Band für die große Kugel:
  1,5 m dunkelblaues Band (1 cm breit) zum Aufhängen
  1,5 m dunkelblaues Band (1 cm breit) für zwei Schleifen
  1,5 m blaues Band (1 cm breit) für zwei Schleifen

1 Teilen Sie die Kugeln mit dem Kugelschreiber in der Mitte. Dann achteln Sie die jeweiligen Kugelhälften.

2 Beziehen Sie die Kugeln, wie auf den Seiten 6/7 beschrieben, mit den Stoffen. Den hell- und den dunkelblauen Stoff immer im Wechsel benutzen.

3 Sind Ihre Kugeln mit dem Stoff bezogen, fixieren Sie die Schleifen zur Verzierung auf den Kugeln.

LUSTIGER CLOWN

Material:

- 1 Styroporclown, 28 cm groß
- Stoff:
  Rot für die Schleife und die Schuhe,
  Blau-Weiß für die Hose und das
  Hemd,
  Grün mit weißen Tupfen für die
  Jacke,
  Rot mit goldenen Pünktchen für Hut
  und Nase,
  Grün für die Kreise auf dem Hut,
  Beige für das Gesicht und die
  Hände
- 14 cm helles Fell (4 cm breit)
- 2 ovale Wackelaugen, 1 cm groß
- roter Stoffmalstift

1 Teilen Sie den Clown in die auf dem Vorlagenbogen abgebildeten Segmente.

2 Patchen Sie den Clown wie auf den Seiten 6/7 beschrieben.
Wenn der Clown fertig gepatcht ist, wird das Fell als Haar um die Hutkrempe herumgeklebt.

3 Zuletzt werden die Wackelaugen angebracht, und der Mund wird mit dem Stoffmalstift aufgemalt.

Material:

Blaues Bärenkind
- 1 Styroporteddy, 16 cm groß
- Stoff: Brauner Samt für das Fell, dunkelbrauner Feincord für die Hose, Rot für den Kragen und die Ärmelaufschläge, Blau mit Teddymotiv für das Hemd
- 2 Tieraugen, 1 cm groß
- 1 Tiernase, 1,5 cm groß
- 5 rote Knöpfe, 1 cm groß

Grünes Bärenkind
- 1 Styroporteddy, 16 cm groß
- Stoff: Brauner Filz für das Gesicht und die Hände, dunkelbrauner Samt für die Ohren, Grün-weiß kariert für das Hemd, Grün für die Hose, Dunkelblau für die Schuhe
- 40 cm grüne Kordel
- 2 Tieraugen, 1 cm groß
- 1 Tiernase, 1,5 cm groß

Papa Bär
- 1 Styroporteddy, 24 cm groß
- Stoff: Brauner Samt für das Fell, brauner Feincord für die Hose, Rot für die Hosenträger, Grün mit Teddymotiv für das Hemd
- 2 Tieraugen, 1,5 cm groß
- 1 Teddynase, 2,5 cm groß
- 1 Puppenbrille
- 2 blaue Knöpfe, 1,5 cm groß

Mama Bär
- 1 Styroporteddy, 24 cm groß
- Stoff: Beiges Fell, Rot geblümt für die Schürze und die Schleifen, Weiß mit Muster für das Jäckchen, Grün für die Arme und die Beine

- 50 cm blaue Litze
- 40 cm weiße Spitze (1 cm breit)
- 2 Tieraugen, 2 cm groß
- 1 Teddynase, 2 cm groß

1 Zeichnen Sie die einzelnen Segmente der Teddys – wie auf dem Vorlagenbogen abgebildet – auf.

2 Patchen Sie die Teddy-Familie wie auf den Seiten 6/7 beschrieben. Vorsicht bei den Ohren, da diese leicht abbrechen!

3 Die fertig gepatchten Teddys werden nun verziert. Kordel, Litzen und Spitze werden auf die Nähte geklebt. Ebenfalls werden Knöpfe, Nase und Augen befestigt. Mit einem schwarzen Stoffmalstift wird der Mund gemalt.

4 Für die Bären-Mama werden jetzt noch folgende Stoffstücke mit der Zakkenschere zugeschnitten: 2 rotgeblümte Stoffstücke 55 cm x 6 cm für den Rock, 1 rotgeblümtes Stoffstück, 25 cm x 2 cm für die Schleife und ein Stück 20 cm x 1 cm für die Haarschleife.

5 Den Rockstoff leicht gekräuselt in die dafür vorgesehenen Ritzen stecken (von vorne und hinten). Die Schleifen in der Mitte mit etwas Garn zusammenbinden und dann an die Teddymutter kleben.

Material Mann:

- 1 Styroporkugel, ø 10 cm
- 1 Holzkugel, ø 6 cm
- Stoff: Gelb, Blau geblümt
- 10 cm weiße Spitze
- 20 cm gelbes Satinband (0,5 cm breit)
- 50 cm blaue Litze
- helles Fell
- 20 cm langes Rundholz, ø 1 cm
- 1 Holzscheibe, ø 5 cm
- schwarze, weiße, rote und blaue Acrylfarbe

Material Frau:

- 1 Styroporkugel, ø 10 cm
- 1 Holzkugel, ø 6 cm
- Stoff: Hellblau-rosa geblümt, Rosa
- 15 cm langes Rundholz, ø 1 cm
- 1 Holzscheibe, ø 5 cm
- helles Fell
- 10 cm Spitze (2,5 cm breit) für den Kragen
- 1 m beige Litze
- 1 m Spitze (5,5 cm breit) für den Rock
- 30 cm grüne Kordel
- 20 cm rosafarbenes Satinband (0,5 cm breit) für die Zöpfe
- schwarze, weiße, rote und blaue Acrylfarbe

1 Malen Sie mit den Acrylfarben die Gesichter auf die Holzkugeln auf.

2 Zeichnen Sie Ihre Patchwork-Segmente auf die Styroporkugeln (siehe Vorlagenbogen). Die Kugeln werden dann nach Vorlage und Beschreibung von den Seiten 6/7 gepatcht.

3 Schneiden Sie den Rockstoff 20 cm lang und 4 cm breit zu. Dann wird der Stoff gerafft in die schon fertig gepatchte Ritze gesteckt. Ebenso wird mit der Rockspitze verfahren.

4 Jetzt werden die Litzen, Kordeln und Satinbänder wie abgebildet aufgeklebt.

5 Nachdem die Farben auf den Holzkugeln getrocknet sind, bringen Sie das Fell als Haar an. Frisieren Sie die Köpfe anschließend.

6 Nun wird die Kragenspitze auf der Styroporkugel fixiert, danach der Kopf auf dem Rumpf befestigt.

7 Zuletzt kleben Sie das Rundholz in ein kleines vorgestochenes Loch an der Kugelunterseite. Der Stab wird dann in das Loch der Scheibe gesteckt, so daß die Figur stehen kann.

TIP:
Sowohl das Geschenk für Zwei als auch die Mäuse eignen sich als Überraschung zur Verlobung oder Hochzeit!
Binden Sie einen Geldschein an den Mäuseschwanz, und befestigen Sie einen anderen als kleine Schleife am Rumpf.

Material:

- 1 Styroporei, 12 cm groß
- Stoff: Weiß, Schwarz mit Blümchen, Grau geblümt
- 1 weißer Pfeifenputzer
- 2 Stecknadeln mit schwarzem Kopf
- 3 Stecknadeln
- einige Besenhaare
- doppelseitiges Klebeband

1 Zeichnen Sie das Muster mit einem Kugelschreiber auf das Ei.

2 Patchen Sie das Ei wie auf den Seiten 6/7 beschrieben.

3 Den Pfeifenputzer drehen Sie leicht um einen Stift, damit er sich kringelt, dann bringen Sie ihn als Schwänzchen an die Hinterseite der Maus an.

4 Kleben Sie doppelseitiges Klebeband auf ein Stück grauen Stoff auf.

Nun zeichnen Sie die Ohren auf das Klebeband. Schneiden Sie die Ohren aus, und kleben Sie dann von der anderen Seite wieder grauen Stoff dagegen.

5 Zuletzt befestigen Sie die Ohren mit Stecknadeln, stecken die Augen in das Gesicht, binden die Besenhaare in der Mitte mit etwas Garn zusammen und befestigen sie ebenfalls mit einer Stecknadel.

Material Mädchen:

- 1 Styroporstern, 20 cm groß
- Stoff: Naturfarben für das Gesicht und die Unterhose, Hellbeige geblümt für die Bluse, Dunkelblau geblümt für die Schürze, Weiß-Blau gestreift für die Strümpfe, Hellblau mit weißen Punkten für die Füße, Dunkelblau für die Hände, Dunkelgrün für die Rückwand
- Helles Fell
- 40 cm schmale weiße Spitze
- 2 blaue und 1 rote Holzperle (ø 0,5 cm) für Augen und Nase
- 1 roter Filzstift
- 4 Stecknadeln
- 10 cm blaue Kordel zum Zusammenbinden der Haare
- 30 cm grüne Kordel zum Aufhängen

Material Junge:

- 1 Styroporstern, 20 cm groß
- Stoff: Naturfarben für das Gesicht, Weiß-Blau gestreift für die Hose, Dunkelblau für die Hosenträger, Hellblau mit weißen Punkten für die Hände, Dunkelgrün geblümt für das Hemd, Dunkelgrün für die Füße und die Rückwand
- Helles Fell
- 1 roter Filzstift
- 2 blaue, 1 rote, 2 naturfarbene Holzperlen, 0,5 cm Durchmesser
- 6 Stecknadeln
- 30 cm grüne Kordel zum Aufhängen

1 Übertragen Sie das abgebildete Muster (siehe Vorlagenbogen) auf Ihren Stern.

2 Beziehen Sie den Stern, wie in der Anleitung von den Seiten 6/7 beschrieben, mit Stoff.
Bei den Haaren muß das Fell an den Seiten, die ins Styropor gesteckt werden, abgeschnitten werden, so daß nur noch der Stoff übrigbleibt.
Die Sternenrückwand wird in fünf Teile geteilt und bezogen.

3 Dann stecken Sie die Spitze wie abgebildet und leicht gerafft in die Ritzen.

4 Die Haare werden oben zusammengebunden, die Augen und die Nase mit Stecknadeln ins Styropor gesteckt, der Mund mit dem roten Stift aufgemalt.

5 Zuletzt wird dann die grüne Kordel befestigt. Dazu nehmen Sie die Kordel doppelt und knoten die Enden zusammen. Durch den Knoten eine Stecknadel stechen und an der Sternoberseite befestigen.

Die Anfertigung des Jungen verläuft nach dem gleichen Prinzip wie die des Mädchens.

TIP:

Ob Junge oder Mädchen – ein Sternpüppchen ist ein gelungenes Taufgeschenk!

CLOWNMOBILE

Material:

- 1 Styroporei, 10 cm x 6 cm
- 1 Styroporei, 8 cm x 5 cm
- 4 Holzkugeln, ø 3 cm
- 20 cm Rundstab, ø 1 cm
- 3 blaue Schellen, ø 1,5 cm
- 7 gelbe Schellen, ø 1,5 cm
- 3 m grüne Kordel
- Stoff: Gelb, Rot, Grün, Blau
- je 10 cm blaues, grünes, gelbes und rotes Band (1,5 cm breit)
- gelbe Federn
- 2 kleine Rundstäbe, ø 0,5 cm, zur Verbindung von Kopf und Rumpf
- 1 m blaues Satinband, 0,5 cm breit, zum Aufhängen der Schellen
- 0,5 m gelbes Satinband, 0,5 cm breit, zum Aufhängen der Schellen
- 0,6 m gelbes Satinband, 0,5 cm breit, für die Ritzen des kleinen Clowns
- 0,3 m rotes Satinband, 0,6 cm breit, für die Mittelritze des großen Clowns
- rote, gelbe und blaue Acrylfarbe für den Mobilebügel

1 Malen Sie den großen Rundstab mit gelber, eine Holzkugel mit blauer, die andere mit roter Acrylfarbe an.

2 Dann zeichnen Sie die Einteilungen auf die Eier. Das kleine Ei wird zuerst in der Mitte halbiert, dann je Hälfte geviertelt. Das große Ei halbieren Sie ebenfalls in der Mitte, dann achteln Sie jede Hälfte.

3 Patchen Sie die Eier nach der Anleitung von den Seiten 6/7. Achten Sie darauf, daß die Farben im Wechsel sind.

4 Nun bekleben Sie die Ritzen des kleinen Eies mit gelbem Satinband, die Mittelritze des großen Eies mit rotem Satinband.

5 Jetzt schneiden Sie aus gelbem und rotem Stoff jeweils einen vierzackigen Stern mit der Zackenschere aus. Diese Kragen werden auf den kleinen Rumpf geklebt. Auf den großen Rumpf kleben Sie die vier 10 cm langen Bänder.

6 Malen Sie nun die Gesichter auf die restlichen zwei Holzkugeln.

7 Kleben Sie die Federn auf die Köpfe.

8 Dann knoten Sie zwei blaue Schellen an das gelbe Satinband und sechs gelbe Schellen an das blaue Satinband (in verschiedenen Längen). Die blauen Bänder werden ebenfalls auf die Oberseite des großen Rumpfes geklebt.

9 Verbinden Sie jetzt Kopf und Rumpf des Clowns mit den kleinen Rundhölzern und Klebstoff.
Unter dem Gesicht des kleinen Clowns werden die Schellenbänder angebracht, die vorher zu einer Schleife gebunden wurden.

10 Fertiggestellt wird das Mobile, indem Sie die angemalten Kugeln an die Enden des großen Rundstabs kleben und die Clowns in verschiedenen Höhen mit einer Kordel an den Stab knoten. Die Kordel wird an den Clownköpfen befestigt. Je eine blaue und eine gelbe Schelle wie abgebildet an den Stab knoten und zuletzt noch die Kordel zum Aufhängen des Mobiles festknoten.

Material Kranz:

- 1 Styroporkranz, ø 25 cm
- Stoff: Grün, Lindgrün geblümt, Hell-beige geblümt
- 1,5 m beiges Band (2,5 cm breit) zum Aufhängen
- 1 m beiges Band (1,5 cm breit) für die obere Schleife
- 1 m apricotfarbenes Band (2,5 cm breit) für die untere Schleife

1 Teilen Sie den Kranz mit einem Kugelschreiber in Segmente ein.

2 Patchen Sie den Kranz dann wie abgebildet (siehe Vorlagenbogen). Die Beschreibung finden Sie auf den Seiten 6/7.
Denken Sie daran, daß der Kranz auch von unten ordentlich aussehen soll; deshalb werden die Randsegmente bis zur Mitte der Kranzrückseite gepatcht.

3 Zuletzt das Band und die Schleifen an den Kranz binden.

Material Kugel:

- 1 Styroporkugel, ø 12 cm
- Stoff: Grün, Lindgrün geblümt, Hell-beige geblümt
- 1,5 m beiges Band (1 cm breit) zum Aufhängen
- 1,5 m beiges Band (1 cm breit) für zwei Schleifen
- 1,5 m grünes Band (1 cm breit) für zwei Schleifen

1 Zuerst zeichnen Sie die einzelnen Segmente auf.

2 Dann wird die Kugel, wie auf den Seiten 6/7 beschrieben, gepatcht.

3 Die fertige Kugel nun mit den Schleifenbändern dekorieren.

Eine Dose für allerlei Kleinigkeiten

Material:

- 1 Styropordose, ø 15 cm
- 50 cm goldene Kordel
- grüne Acrylfarbe
- Stoff: Dunkelgrün, Rot, Dunkelblau gemustert

Tip:

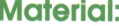

Eine mit Stoff bezogene Styropordose eignet sich wunderbar als Nadelkissen.

1 Teilen Sie Ihre Dose in Segmente ein. Das Muster vom Dosendeckel wiederholt sich auf der Dosenunterseite.

2 Patchen Sie die Dose wie abgebildet.

3 Kleben Sie in die Ritzen des Dosendeckels eine dünne goldene Kordel.

4 Die nun fertig bezogene Dose malen Sie von innen mit grüner Acrylfarbe aus.

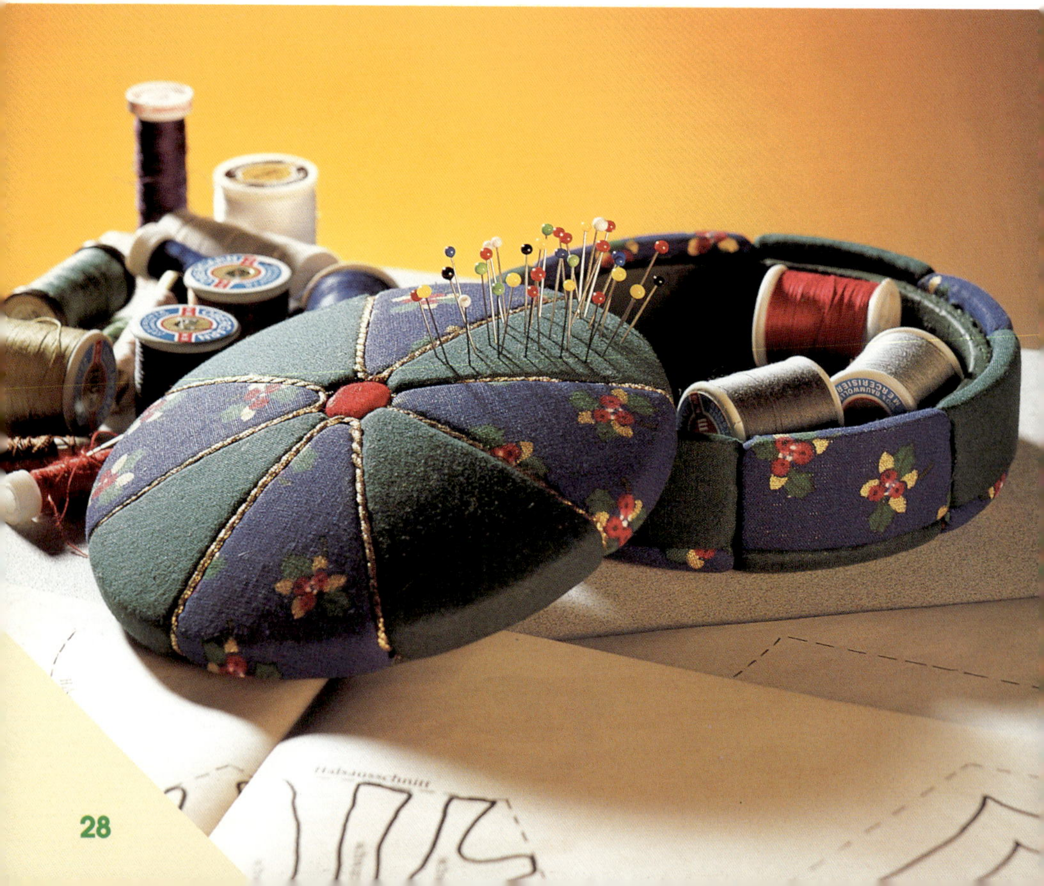

FRÜCHTETELLER

Material Äpfel:

- 1 Styroporkugel, ø 7,5 cm
- 1/2 Styroporkugel, ø 7,5 cm
- 2 kleine Holzäste, je 4 cm lang
- 4 x 5 cm doppelseitiges Klebeband, 3 cm breit
- Stoff: Grün, Weiß
- 4 Stecknadeln

Material Pflaumen:

- 2 Styroporeier, 7 cm groß
- 2 kleine Holzäste, je 3 cm lang
- 4 x 5 cm doppelseitiges Klebeband, 3 cm breit
- Stoff: Grün, Blau
- 4 Stecknadeln

Arbeitsanleitung Seite 30

Abbildung und Materialbeschreibung
Seite 29

1 Den vollen Apfel in acht Segmente einteilen, den halben Apfel in sieben Segmente einteilen.

2 Um eine Styroporkugel zu halbieren, halten Sie ein großes Messer mit einer glatten Schnittfläche unter kaltes Wasser und schneiden sie Stück für Stück durch. Das Messer dazwischen immer wieder anfeuchten. Die Eier in vier Segmente teilen.

3 Die Äpfel und Pflaumen, wie auf den Seiten 6/7 beschrieben, patchen.

4 Dann jeweils die eine Seite der Klebebandstücke mit Stoff bekleben, das Blatt aufzeichnen und ausschneiden. Die andere Seite des Klebebandes ebenfalls mit Stoff bekleben und erneut den restlichen Stoff wegschneiden.

5 Zuletzt die Holzäste ankleben und die Blätter mit Stecknadeln befestigen.

Material:

- $^1/_2$ Styroporei, 16 cm groß
- 1 Styroporei, 9 cm groß
- Stoff: Apricot, Beige geblümt, Dunkelbraun mit weißem Muster
- 2 Tieraugen, 1 cm groß, für den großen Igel
- 4 Tieraugen, 0,5 cm groß, für die zwei kleinen Igel
- 3 Tiernasen, 1,5 cm groß
- 68 Stecknadeln
- 68 braune Glasstifte, 2 cm lang
- 68 braune Glasperlen

1 Das kleine Ei in der Mitte mit einem feuchten Messer durchschneiden (siehe links).

2 Mit einem Stift die Segmente auf die Eierhälften aufmalen.

3 Jetzt werden die Eierhälften nach der Beschreibung von den Seiten 6/7 gepatcht.

4 Danach können die Augen und Nasen aufgeklebt werden. Bei den Nasen müssen Sie darauf achten, daß die Löcher nach unten zeigen.

5 Der große Igel wird zusätzlich noch mit Stacheln versehen. Dazu wird je eine Perle und ein Glasstift auf eine Stecknadel gespießt und in Abständen von 1 cm in die Längsritzen des Rumpfes gesteckt.

Diese Igel eignen sich phantastisch als Nadelkissen.

Material:

- 1 Heuplatte, 10 cm groß

Großer Pilz

- $^1/_2$ Styroporkugel, ø 10 cm
- 1 Styroporei, 8 cm groß
- Stoff: Weiß, Rot
- weiße COLORPOINT-Farbe

Kleiner Pilz

- $^1/_2$ Styroporkugel, ø 7 cm
- 1 Styroporei, 6 cm groß
- Stoff: Weiß,
  Rot mit goldenen Punkten

Käfer

- $^1/_2$ Styroporkugel, ø 8 cm
- Stoff: Dunkelblau,
  Rot mit weißen Blümchen
- 2 x 2 cm weiße Pfeifenputzer
- 2 Tieraugen, 0,6 cm groß

1 Die Pilzköpfe (halbierte Kugeln) jeweils in vier Segmente einteilen (siehe Seite 30). Das große Ei ebenfalls in vier Segmente, das kleine Ei in acht Segmente teilen. Den Käfer, wie auf dem Vorlagenbogen abgebildet, einteilen.

2 Die einzelnen Styroporteile – wie auf den Seiten 6/7 beschrieben – patchen. Beim Käfer zuerst die Punkte gestalten, dann die Unterseite in Blau und zuletzt die Flügel mit dem roten Stoff beziehen.

3 Wenn alle Teile fertig gepatcht sind, werden die Pilzköpfe auf den Eiern fixiert. Fühler und Augen werden auf den Käfer geklebt.

Mit der Relieffarbe COLORPOINT Pearl sehen die Tupfen auf dem Fliegenpilz besonders hübsch aus.

EDELKUGEL ALS RAUMSCHMUCK ▰▰▰▰▰▰▰

Material:

- 1 Styroporkugel, ø 30 cm
- Stoff: Schwarz, Gold
- 3 m goldenes Band, 0,5 cm breit

1 Zeichnen Sie die Einteilungen auf die Kugel.

2 Patchen Sie die Kugel mit schwarzem und goldenem Stoff im Wechsel. Die Anleitung dazu finden Sie auf den Seiten 6/7.

3 Zuletzt wird das goldene Band auf jede Naht der Kugel geklebt.

BLACK & WHITE

Material:

- 1 Styroporpyramide, 32 cm hoch
- Stoff: Schwarz,
  Schwarz mit weißen Noten

1 Teilen Sie die Pyramide in die abgebildeten Segmente ein.

2 Patchen Sie die Pyramide nach der Anleitung von den Seiten 6/7.

TIP:

Im Fachhandel finden Sie eine vielfältige Auswahl an Stoffmalfarben, mit denen Sie jederzeit Ihren ausgewählten Stoff ganz nach Lust und Laune noch zusätzlich gestalten können.

Material:

- 1 runder Styroporkranz, ø 22 cm
- 4 verschiedene Weihnachtsstoffe
- 24 Stoffstücke, 13 cm x 8 cm, für die Säckchen (Reste von 7 Weihnachtsstoffen)
- 24 x 20 cm grüne Kordel
- 5 m dünne grüne Kordel zum Aufhängen der Säckchen
- 4 m grünes Band, 1 cm breit, zum Aufhängen des Kranzes
- 1,5 m grünes Band, 1 cm breit, für zwei Schleifen
- 1,5 m rotes Band, 1 cm breit, für zwei Schleifen
- 1,6 m grünes Band, 1 cm breit, für die Nähte
- 24 Stecknadeln

1 Unterteilen Sie den Kranz in die abgebildeten Segmente (siehe Vorlagenbogen).

2 Patchen Sie den Kranz mit den vier verschiedenen Weihnachtsstoffen im Wechsel. Die Beschreibung hierfür finden Sie auf den Seiten 6/7.

3 Nähen Sie nun 24 kleine Säckchen aus den zurechtgeschnittenen Stoffstückchen. Die Säcke werden mit grüner Kordel zusammengebunden.

4 Umkleben Sie die senkrechten Nähte, wie abgebildet, mit grünem Band.

5 Dann befestigen Sie die vier Schleifen und das Band zum Aufhängen des Kranzes.

6 Zuletzt werden die Säckchen mit grüner Kordel und in verschiedenen Höhen an den Kranz gehängt. Achtzehn Säckchen sind kurz unter dem Kranz mit Stecknadeln in der äußeren Ritze befestigt. Der Rest wird in verschiedenen Höhen von innen an den Kranz gesteckt.

Material:

- 1 Styroporstern, 20 cm groß
- Stoff:
  Weiß für das Gesicht, die Hände und Füße, Rot für die Kleidung, Schwarz-Weiß kariert für den Gürtel
- helles Fell für Handschuhe, Stiefel, Hutkrempe und Bart
- 1 roter Pompon
- 1 goldener Stern, 1 cm groß
- 1 Stecknadel mit rotem Kopf
- 1 Stecknadel
- 2 Wackelaugen, 0,5 cm groß
- schwarzer Stoffmalstift
- 1 m goldene Kordel zum Aufhängen

1 Zuerst teilen Sie den Stern mit einem Phantomstift in die einzelnen Segmente ein.

2 Dann beziehen Sie die Sternsegmente mit den entsprechenden Stoffen.
Bei den Segmenten, die mit Fell bezogen werden, ist darauf zu achten, daß das Styropor nicht auseinanderbricht. Um das zu vermeiden, sollte das Fell an den Stoffrändern vollständig entfernt werden, so daß nur noch der Stoff stehenbleibt. Er ist dann an der Seite dünn genug, um in die Ritzen zu passen.
Die Rückseite des Sternes wird uni in Rot bezogen.

3 Nun wird der Nikolaus dekoriert: Durch den kleinen goldenen Stern stechen Sie eine Nadel, um ihn als Gürtelschnalle zu befestigen.
Dann piken Sie die Stecknadel mit dem roten Kopf als Nase in das Gesicht, kleben die Augen auf und malen mit dem Stoffmalstift den Mund und die Augenbrauen auf.
Zuletzt kleben Sie den Pompon an die Hutspitze.

Gemusterte Kugel:
- 1,5 m grünes Band,1 cm breit
- 1,5 m rotes Band, 1 cm breit

Weihnachtsmann-Kugel:
- 4 Tannenspitzen
- 1,5 m grünes Band, 1,5 cm breit, für die Schleifen
- 1,5 m rotes Band,1 cm breit, für die Schleifen

Schaukelpferd-Kugel:
- 3 Tannenspitzen
- 16 Stecknadeln
- 16 goldene Sterne, 1 cm groß
- 1 m rot gemustertes Weihnachts-band, 2 cm breit, für die Schleifen
- 1,5 m rotes Band, 1 cm breit, für die Schleifen

Material:
- 3 Styroporkugeln, ø 12 cm
- Stoff: Rot, Grün-rot kariert, roter Weihnachtsstoff mit Schaukelpferd-Motiv, grüner Weihnachtsstoff mit Weihnachtsmann-Motiv, grün-rot gemusterter Weihnachts-stoff, weiß-rot-grün gemusterter Weih-nachtsstoff, rot gemusterter Weihnachtsstoff, grün gemusterter Weihnachtsstoff
- 2 x 1 m goldene Kordel zum Aufhängen
- 1 m rote Kordel zum Aufhängen
- Leim

1 Zeichnen Sie die Muster auf die Ku-geln auf: Das Motiv der Schaukel-pferd-Kugel viermal, das Motiv der an-deren zwei Kugeln je zweimal.

2 Beziehen Sie die Kugeln wie abge-bildet mit den Stoffen. Die Beschrei-bung dazu finden Sie auf den Seiten 6/7.

3 Befestigen Sie die Kordel zum Auf-hängen mit Leim.

4 Zuletzt werden die Kugeln mit den Schleifen und Tannenspitzen dekoriert. Die goldenen Sternchen werden mit je einer Stecknadel an die Ecken der vier Schaukelpferd-Motive gesteckt.

Material:

- 1 Styroporkranz, ø 45 cm
- Weihnachtsstoffe: Grün, Rot, Weiß
- 1,5 m rotes Weihnachtsband, 4 cm breit, für die obere Schleife
- 1,5 m rotes Band, 4 cm breit, für die untere Schleife
- 1 m rotes Band, 2,5 cm breit, zum Aufhängen

1 Unterteilen Sie den Kranz in die einzelnen Segmente.

2 Beziehen Sie die Unterteilungen mit Stoff, wie auf den Seiten 6/7 beschrieben. Denken Sie daran, daß die Außensegmente ihre äußeren Ritzen auf der Kranzrückseite haben.

3 Binden Sie die Schleifen und das Band zum Aufhängen an den fertigen Türkranz – die Weihnachtszeit kann kommen!

Material Glocke:

- 1 Styroporglocke, 9 cm groß
- Stoff: Grün,
  Weiß mit Weihnachtsmuster,
  Grün-Rot mit Weihnachtsmuster
- Pappe
- 1 Wattekugel, 3 cm Durchmesser
- rote Acrylfarbe
- 1 m goldene Kordel

1 Zeichnen Sie die Segmente mit einem Phantomstift auf die Glocke auf.

2 Patchen Sie die Glocke nach der Anleitung von den Seiten 6/7.

3 Malen Sie nun die Pappe und die Wattekugel mit roter Farbe an. Wenn die Farbe getrocknet ist, kleben Sie die Pappe unter die Glocke und auf diese die Wattekugel.

4 Zuletzt befestigen Sie die goldene Kordel zum Aufhängen an der Glocke.

Material Stern:

- 1 Styroporstern, 20 cm groß
- Stoff: Grün,
  Grün-Rot mit Weihnachtsmuster
- 1 m goldene Kordel
- Leim

1 Zeichnen Sie das Muster des Sterns mit einem Stift auf das Styropor.

2 Dann werden die einzelnen Segmente der Beschreibung nach mit Stoff bezogen.

3 An der Sternspitze wird eine Kordel zum Aufhängen befestigt. Dazu nehmen Sie die Kordel am besten doppelt und verknoten sie am Ende. Den Knoten stecken Sie mit einer Stecknadel an der Sternspitze fest und fixieren diese zusätzlich mit etwas Leim.

Material:

- Styroporkugeln, ø 8 cm
- Styroporkugeln, ø 10 cm
- Styroporherzen, 9 cm groß
- verschiedene Weihnachtsstoffe:
  Rot, Grün und Weiß
- 20 cm rote Kordel je Kugel,
  zum Aufhängen

Die Anzahl der Kugeln richtet sich ganz nach der Größe des Weihnachtsbaumes. Erstellen Sie so viele Herzchen und Kugeln, wie Sie gerne möchten!

1 Teilen Sie die Styroporkugeln in vier oder acht Segmente ein, die Herzen in vier Segmente.

2 Patchen Sie die Styroporformen nach der Anleitung von den Seiten 6/7. Kombinieren Sie dabei alle Stoffe miteinander.

3 Zuletzt kleben Sie die Kordel an die Kugel- oder Herzoberseite.

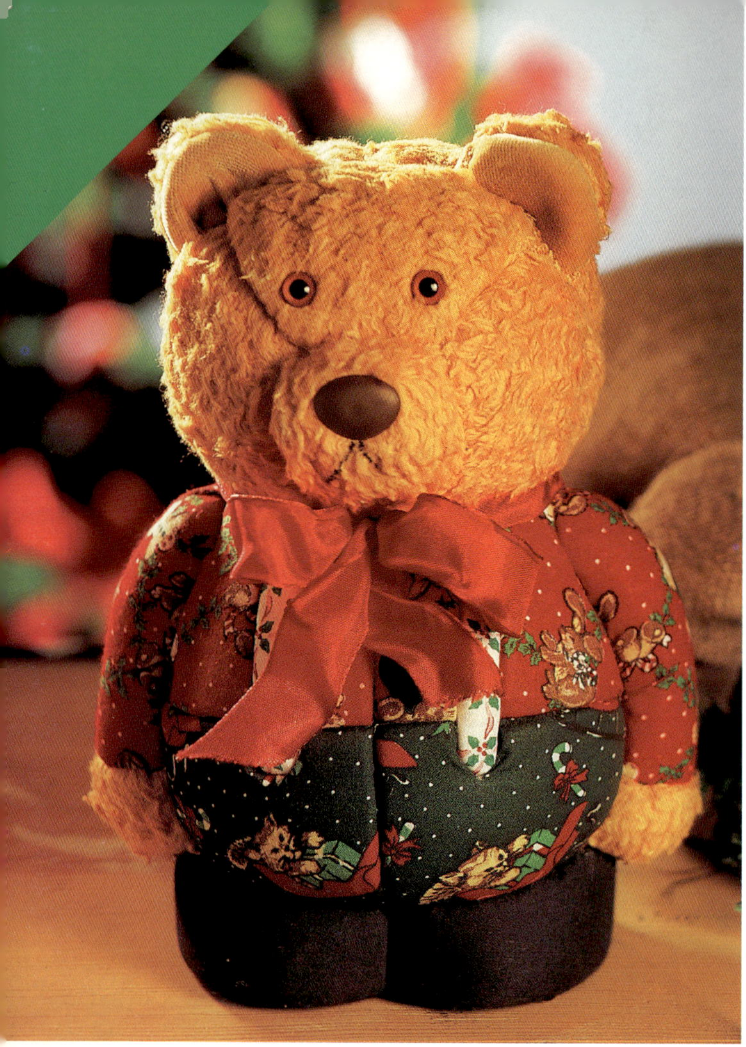

Weih-nachts-teddy

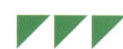

Material:

- 1 Styroporteddy, 24 cm groß
- Stoff: hellbrauner Teddystoff für das Fell, hellbrauner Samt für die Ohrenvorderseite, roter Weihnachtsstoff für das Hemd, grüner Weihnachtsstoff für die Hose, weißer Weihnachtsstoff für die Hosenträger, dunkelblauer Stoff für die Füße
- 2 Teddyaugen, 1 cm groß
- 1 Teddynase, 2,5 cm groß
- 1 m rotes Band mit Drahtkante, 2,5 cm breit

1 Zuerst zeichnen Sie am Teddy mit einem Phantomstift die Segmente an.

2 Überziehen Sie nun die einzelnen Styroporsegmente mit den passenden Stoffen.

3 Danach kleben Sie die Augen und die Nase auf das Gesicht.

4 Das rote Band wird als letztes um den Teddyhals gelegt und zu einer Schleife gebunden.